TOGE THÉÂTRE ÉDITEUR
Saguenay, QC, Canada
418-290-8018
www.togetheatre.com
togetheatre@gmail.com

Ce texte a été joué pour la première fois par des élèves de 10 à 12 ans en 2016 lors d'un camp de théâtre thématique du Théâtre 100 masques de Chicoutimi, puis par les élèves de sixième année de l'école La Source de St-Honoré lors d'activités de formation durant l'année scolaire 2016-2017.

Texte : Keven Girard
Année de création : 2016
Mise en page : TOGE
Impression : CreateSpace by Amazon
Crédit photo : Sarah-Jane Munger

ISBN 978-2-924809-06-8 (br.)
ISBN 978-2-924809-07-5 (ePUB)
ISBN 978-2-924809-08-2 (PDF)

Dépôt légal : 2017
Bibliothèque nationale du Québec
Bibliothèque nationale du Canada

©Keven Girard

Toute reproduction de cet ouvrage, même partielle, est interdite. Une licence de reproduction est obligatoire, au Québec avec Copibec, ou sur le site internet de l'éditeur. Les représentations publiques dans les écoles doivent être déclarées, et celles dans un cadre extrascolaire demande le consentement de l'auteur, puis une licence en bonne et due forme.

Tous droits réservés

Keven Girard

ANTIQUE STORY

Théâtre pour enfants

Droits d'auteur

NOTE IMPORTANTE
Pour présenter la pièce

Les droits d'auteur permettent la production d'œuvres originales à des prix compétitifs et soutiennent la création des écrivains.

Établissements scolaires du Québec
Vous êtes autorisés à utiliser le texte à des fins pédagogiques ou lors de répétitions dans un cadre scolaire. Cependant, si vous désirez présenter ce texte devant public, en totalité ou en partie, vous devez remplir un formulaire de *Déclaration de représentation* sur le site internet de la Société des Auteurs dramatiques (SOQAD). Grâce à une entente avec le Ministère de l'Éducation, aucun frais ne sera chargé à votre école, mais le formulaire permettra à l'auteur de toucher des droits. De plus, si vous désirez reproduire l'œuvre, vous devez le déclarer à l'organisme Copibec.

SOQAD : http://www.aqad.qc.ca/
COPIBEC : http://copibec.qc.ca

Organismes et compagnies privées, théâtre amateur, ou établissements scolaires hors-Québec
Vous n'êtes pas autorisés à présenter la pièce gratuitement devant public, ni à reproduire l'œuvre. Pour vous acquitter de ces droits, vous devez acheter une licence qui comprendra les droits de représentation et de reproduction. Cette licence est disponible sur le site internet de *Toge Théâtre*, sous la rubrique Droits d'auteur.
www.togetheatre.com

*Aux élèves de l'école
La Source de St-Honoré*

PERSONNAGES

Des intervenants (7)
Des élèves (6)
Sacrifice
Des apeurés (13)
Dialogue
Trialogue
Des animateurs (2)
Œdipe
Tyrésias
Jocaste
Des coryphées (2)
Héra
Aphrodite
Athéna
Zeus
Arès
Poséidon
Antigone
Ismène
Euclion
Phédrie
Mégadore
Médée
Des enfants (2)

MISE EN SITUATION

La pièce se déroule dans l'Antiquité et exploite le jeu choral pour maximiser les effets de mise en scène avec vos élèves. Comme décor, vous pourriez utiliser des espèces de grands tubes pour rappeler les colonnes grecques de l'époque. De plus, au sol, vous pourriez étendre un tissu rouge pour faire une espèce de tapis royal.

Les élèves portent des vêtements noirs, par-dessus lesquels on ajoute de grands tissus qui formeront des toges. Les tissus peuvent être de couleur uniforme ou non, selon vos goûts.

L'éclairage peut être tamisée et rouge, pour rappeler un côté sombre de l'Antiquité. Veillez quand même à ce qu'on puisse voir le visage de vos élèves avec un éclairage devant la scène.

Plusieurs effets sonores sont recommandés, comme des coups de tonnerres, une radio qui grésille, des chants grecs ou un bruit de harpe céleste lors de l'arrivée des dieux.

Des accessoires seront importants, comme la pelle que maniera Antigone puis Euclion, et ensuite la fameuse marmite pleine d'or.

Avant de commencer la lecture de ce texte avec vos élèves, mettez-les en contexte sur le théâtre antique, sur les grands textes d'abord, puis sur la mythologie et enfin sur la manière de jouer. Rappelez-leur que les comédiens à cette époque devaient jouer de façon très exagérée, car les amphithéâtres pouvaient contenir des milliers et des milliers de personnes souvent placées très loin des acteurs. De plus, les tragédies demandaient de grands mouvements et une exagération des pleurs. Le chœur à l'Antiquité est aussi très important, il est un peu ce qui guide la pièce.

À noter : Les comédiens joueront inévitablement plusieurs rôles. Vous pouvez jouer la pièce avec une dizaine d'acteurs, mais aussi avec une classe complétant une distribution selon votre fantaisie.

« *Cet homme nous a, mon roi, fait en partant de terrifiantes prophéties* »
- Antigone, Sophocle

INTRODUCTION

Sept comédiens sont en ligne au-devant de la scène. Une radio commence à grésiller. Lorsqu'elle baisse d'intensité on entend différent intervenants.

INTERVENANT NO 1
À la météo, la pluie tombera toute la journée sur la ville.

INTERVENANT NO 2
Aux actualités, un incendie s'est déclaré dans un quartier près du centre-ville.

INTERVENANT NO 3
Aux sports, l'équipe championne a perdu la partie contre l'équipe au dernier rang.

INTERVENANT NO 4
À la politique …

INTERVENANT NO 5
Le ministre de la santé démissionne …

TOUS
Yééééé !

INTERVENANT NO 6 *déçu*
Ah ! Mais j'aimais ça moi la corruption

INTERVENANT NO 7
Et aux arts et spectacles, nous vous présentons la pièce ...

TOUS *chantant*
Antique Story !

On se place en formation chorale.

ANIMATEUR NO 1
Aujourd'hui à l'émission.

ANIMATEUR NO 2
Nous apprendrons l'histoire du théâtre.

ANIMATEUR NO 1
Et les grands textes et personnages du théâtre antique.

ANIMATEUR NO 2
À l'époque de l'Antiquité.

Le professeur no 1 tousse.

ANIMATEURS NO 1 et 2
Des questions ?

La chorale lève la main. Tout le monde se bouscule pour poser des questions.

ANIMATEUR NO 1
Toi là !

ÉLÈVE NO 1
Moi ?

ANIMATEUR NO 2
Non ! Toi là !

ÉLÈVE NO 2
Moi ?

ANIMATEUR NO 1
Toi ? Non pas toi, mais toi. Mais pas UN toit, mais toi ...

ÉLÈVE NO 3
Moi ?

ANIMATEUR NO 2
Mais non, pas vous autres !

Une élève sort de nulle part.

ÉLÈVE NO 4
Moi ?

ANIMATEURS NO 1 et 2
Oui, toi !

Les autres applaudissent. L'élève vient se placer devant la table au centre.

ÉLÈVE NO 4
Le théâtre a commencé 400 ans avant Jésus-Christ.

TOUS
Fait longtemps !

ÉLÈVE NO 4
En Grèce antique.

ÉLÈVE NO 5 *dans la chorale*
C'est où la Grèce ?

ÉLÈVE NO 6 *lui répondant*
En dessous de la peau !

Les autres rient.

ÉLÈVE NO 4
Dans ce temps-là, on faisait des sacrifices. (*appelant*) Sacrifice !

Sacrifice sort de sa porte.

SACRIFICE
Moi ?

Sacrifice se couche. Les élèves tournent autour de Sacrifice.

ÉLÈVE NO 4
Dionysos, Dieu du Plaisir, accepte cette élève comme offrande.

SACRIFICE *se levant*
Ah non ! Je refuse.

Tout le monde recule, apeuré.

APEURÉ NO 1
Elle a parlé.

APEURÉ NO 2
Elle a parlé toute seule.

APEURÉ NO 3
On pourrait appeler ça un monologue.

APEURÉ NO 4
C'est quoi un monologue ?

APEURÉ NO 5
C'est comme un monorail, mais pas de rail.

APEURÉ NO 6
Comme un monocycle, mais pas de cycle.

APEURÉ NO 7
Comme un monocle …

APEURÉ NO 8
Mais pas de *cle*.

Dialogue vient s'assoir près de sacrifice.

DIALOGUE
Dans le fond, un monologue, c'est quand une personne parle seule.

APEURÉ NO 9
Hein ? Elle est encore là elle ?

SACRIFICE à *Dialogue*
Ouais. T'as tout compris.

ÉLÈVE NO 4
C'est une révélation ! Ils ont parlé ensemble !

APEURÉ NO 9
On peut appeler ça un dialogue.

APEURÉ NO 10
C'est comme une Diane, mais pas de Anne.

Les autres grognent.

TRIALOGUE
Qu'est-ce que ça fait si on parle à trois ?

APEURÉ NO 11
Stop ! Stop ! Ça suffit, j'ai mal à la tête...

APEURÉ NO 12
C'est trop mélangeant.

APEURÉ NO 13
On n'appellera quand même pas ça un trialogue, pis un quadrialogue, pis cinqualogue.

APEURÉ NO 11
De vraies pièces de casse-tête.

APEURÉ NO 12
Bah on appellera ça des pièces.

APEURÉ NO 13
Pas fou ! Mesdames et messieurs, notre pièce : Antique Story.

SCÈNE 1
ŒDIPE ROI

Les comédiens se placent. Ils accotés sur des colonnes grecques. Il y a un faible éclairage. Un groupe commence à claquer des doigts. Progressivement, un autre groupe rajoute une basse vocale, puis un autre un rythme, jusqu'à lancer tous ensemble en arrêtant : Antique Story.

MÉDÉE
Une histoire comme vous en avez jamais vue !

ANTIGONE
Une révolution théâtrale ...

HÉRA
Une révélation musicale !

TOUS *chantant*
Choubidoup, choubidoup wa ! Antique Story !

ANIMATEUR 1
Nous poursuivons notre émission en musique. Nous écouterons un rap ! Peux-tu nous parler de l'artiste ?

ANIMATEUR 2
Oui, c'est le rappeur aveugle Œdipe. On lui doit notamment le meilleur album *Le complexe*

d'Œdipe. Quand il a gagné le prix, il a d'ailleurs tenu à remercier sa mère. Alors voici un extrait de sa pièce antique : Œdipe Roi !

Un individu central se dévoile. Il a les yeux bandés. Pendant son rap, les autres dansent.

ŒDIPE *en rappant*
Tous les dieux de l'Olympe
On apprit mon histoire
Tout en battant le Sphynx
J'étais parti pour la gloire
Mais vl'à que c'est la guerre
Avec Créon mon beau-frère
Devin ne peut le taire
Je vais peut-être tuer mon père

Tous s'arrêtent de danser, horrifiés.

ŒDIPE *s'excusant*
Hé, j'ai pas fait exprès. Un vieillard passait par là en chariot, il m'a donné des coups et... Je suis quand même Œdipe, le roi de Thèbes ! On ne frappe pas un roi comme ...

TIRÉSIAS *passablement perdu et sénile*
Foi du devin Tirésias ... tu tueras ton père et ...

ŒDIPE *se rappelant*
Ah oui, le rap !

Il tousse.

ŒDIPE *en rappant*
En revenant tout amer
J'apprends que le compère
Était en fait mon père
Et que j'ai mariée ma ...
Mère !

JOCASTE
Coucou chéri !

ŒDIPE
Ark.

TOUS *chantant*
Ce soir l'amour est dans tes yeux ... Mais demain matin m'aimeras-tu, un peu ? [1]

JOCASTE
Antique Story !

ANIMATEUR 1
À la politique, on va maintenant passer à l'assemblée des femmes !

---

[1] Chanson de Martine St-Clair : Ce soir l'amour est dans tes yeux

SCÈNE 2
L'ASSEMBLÉE DES FEMMES

Deux filles s'avancent en avant-scène. Aussitôt, un groupe de filles vient rejoindre la première coryphée. Puis, un autre groupe de filles vient rejoindre la deuxième coryphée. Les deux coryphées font un geste pour se départir des filles.

CORYPHÉE no 1 et no 2
Femmes !

Les coryphées avancent l'une vers l'autre avec mépris. Elles reculent pour se battre et en même temps les autres l'imitent.

CORYPHÉE no 1 et no 2 *au public*
Femmes !

CORYPHÉE no 2
Je suis la cheffe de ce mouvement.

CORYPHÉE no 2
Non. C'est moi la première coryphée.

CORYPHÉE no 1
Il n'en est rien. Retourne avec le cœur et je mènerai la barque à bon port.

CORYPHÉE no 2
Tu te trompes. Retourne dans l'Assemblée des femmes et laisse-moi être celle qui commandera.

Les coryphées avancent l'une vers l'autre avec mépris. Elles reculent pour se battre, puis se crêpent le chignon de manière très enfantine.

TYRÉSIAS *s'avançant*
C'est une bataille de coryphées !

L'assemblée forme une haie. Se joignent deux garçons.

CORYPHÉE no 1
L'assemblée des femmes devra adopter certaines réformes.

CORYPHÉE no 2
Pour rétablir l'harmonie dans la cité, je propose ...

CORYPHÉE no 1 *coupant*
Que nous réunissions tous nos biens ensemble, comme cela nous serons plus riches.

Applaudissements du chœur. Les garçons s'avancent.

CORYPHÉE no 2
Pour ma part, je propose que les femmes les plus laides et les plus âgées puissent choisir leur mari en premier.

Les garçons déguerpissent. Le chœur hue.

CORYPHÉE no 2
Et des bonbons gratuits pour tout le monde !

Le chœur applaudit de plus belle.

CORYPHÉE no 1 *fâchée*
Je propose.

CORYPHÉE no 2 *défiante*
J'ajoute.

CORYPHÉE no 1 *défiante*
Je rectifie.

Les coryphées avancent l'une vers l'autre avec mépris. Elles reculent pour se battre, puis se crêpent le chignon de manière très enfantine.

APHRODITE
Nous sommes dans une impasse !

HÉRA
Qu'une solution possible.

Tous reviennent à leur colonne grecque.

TOUS
Deus ex machina !

HÉRA
Que les dieux nous viennent en aide !

APHRODITE
Antique story !

ANIMATEUR1
Co-animateur ?

ANMATRICE 2
Oui.

ANIMATEUR 2
Nous avons de drôles d'invités. En parlant de la Grèce Antique, voici maintenant les Dieux !

SCÈNE 3
LES DIEUX GRECS

Athéna se joint à Aphrodite et Héra. Ils chantonnent un chant céleste. Arrive au centre Zeus, accompagné derrière par Poséidon et Arès qui lui marchent sur les pieds.

ZEUS
Arès ! Poséidon ! Calmez-vous !

Aphrodite réunit Arès et Zeus

APHRODITE
Non mais aimez-vous !

ATHÉNA
Aphrodite ! L'amour c'est pour les faibles.

APHRODITE
Athéna, ce n'est pas parce que tu es la déesse de la guerre que tu peux ...

HÉRA *coupant*
Non mais mariez-vous bon sang !

APHRODITE
La ferme, Héra !

Zeus lâche un cri.

ZEUS
Hé !

CORYPHÉE no 1 *dans le chœur*
C'est parce qu'on a un problème ici …

ATHÉNA
La ferme sinon je déclenche la guerre de Troie

ARÈS
La guerre de Troie, est-ce que c'est entre la guerre de Deux et la guerre de Quatre.

APHRODITE *à Arès*
T'es con ! Mais je t'aime quand même.

HÉRA
Non mais mariez-vous bon sang !

APHRODITE *à Héra*
La ferme, Héra.

Zeus lâche un puissant cri. Coup de tonnerre.

ZEUS
Hé !

ATHÉNA *riant*
Zeus a vraiment un cri du tonnerre.

POSÉIDON *à Athéna*
Ah ! Elle est bien bonne celle-là.

ZEUS *au public*
Chers habitants de la Grèce ! Les ... Les ... (*à Poséidon*) Les quoi déjà ?

POSÉIDON
Les grèçiens ?

APHRODITE
Les grèçois ?

ATHÉNA
Les grèçons ?

ARÈS
Les grecs ?

HÉRA
Non mais mariez-vous bon sang !

APHRODITE
La ferme, Héra.

ZEUS *au public*
Chers habitants de la Grèce ! Les ... Les graisseux et les graisseuses ... Veuillez prendre note que l'Olympe est fermé pour tout l'été. *(se retournant)* Bon, venez-vous-en ! Je suis plus capable !

HÉRA

(au public) Antique Story ! *(se retournant)* Non mais mariez-vous bon sang !

TOUS
La ferme, Héra.

ANIMATEUR 2
Un fait vécu très dramatique, allons rencontrer la jeune fille nommée Antigone. Son roi, le roi Créon, refuse de faire enterrer son frère mort au combat.

SCÈNE 4
ANTIGONE

Antigone recule en avant-scène avec une pelle. Ismène la rejoint.

ISMÈNE
Antigone ! Tu ne peux pas aller enterrer notre frère.

ANTIGONE
Il a le droit d'être enterré comme tout le monde.

Ismène lui vole la pelle.

ISMÈNE
Il était du mauvais côté, Antigone. Il a été notre ennemi.

ANTIGONE
Il s'agit de notre frère. Es-tu donc une sans cœur ?

Antigone repart. Ismène l'arrête.

ISMÈNE
Le roi a donné l'ordre de ne pas enterrer notre frère. Si tu désobéis, ils te tueront Antigone.

ANTIGONE
Je préfère mourir que de voir le cadavre de mon frère pourrir dehors.

ISMÈNE
N'as-tu pas pensé à ton fiancé ?

ANTIGONE
Je préfère mon frère à mon fiancé. De toute façon, si je ne fais rien, je ne vaux rien. Je dois mourir, pour qu'enfin il revive.

ISMÈNE
Tu es folle Antigone.

ANTIGONE
Je sais, mais c'est ma destinée.

Antigone repart. Ismène s'avance. Elle a un air très triste.

ISMÈNE *triste, dans un murmure*
Antique Story.

Les membres du chœur pleurent sans bruit, se prennent dans leur bras.

ANIMATEUR 2
Nous avons vu les grands textes du théâtre antique. Connais-tu La Marmite ?

ANIMATEUR 1
Non ?

ANIMATEUR 2
Il s'agit d'une pièce comique cette fois-ci, avec un homme avare qui protège son trésor : une marmite pleine d'or !

SCÈNE 5
LA MARMITE

La pelle d'Antigone revient en jeu et se déplace jusqu'à Euclion. Ce dernier s'avance au milieu et commence à enterrer quelque chose. Un objet précieux se trouve devant lui.

TOUS *chantant*
Euclion ! Euclion ! Euclion ! Euclion ! Euclion !

PHÉDRIE *chantant*
Enterre sa marmite !

Euclion s'assoit et tient dans ses mains son objet précieux.

EUCLION
Mon précieux ...

Un membre du chœur s'approche à pas de souris pour venir voler l'objet précieux. Euclion le repousse d'un simple geste. Un autre membre du chœur s'approche. Même réaction. Deux membres s'approchent. Même réaction. Tous s'approchent. Même réaction. Phédrie s'approche ; elle a un air triste.

PHÉDRIE
Père.

Même réaction d'Euclion. Il s'approche maladroitement de sa fille Phédrie

EUCLION *méchamment*
Qu'est-ce que tu veux, toi ?

PHÉDRIE
Père. Je ne veux pas me marier.

EUCLION *se déplaçant maladroitement*
On s'en fout ! Tu n'as pas le choix !

PHÉDRIE *l'imitant*
Mais oui. J'ai le choix !

EUCLION
Tu vas te marier avec Mégadore. Et arrête de m'imiter, ce n'est pas beau.

PHÉDRIE
C'est qui ça, Mégadore ?

Un garçon s'avance. Il joue dans son nez, sort une crotte de nez, lui dis bonjour, et la jette.

EUCLION *pointant le garçon*
C'est lui !

MÉGADORE
Je veux votre or ... (*rectifiant*) Euh ... je veux dire... je vous adore !

Euclion se déplace maladroitement. Il gesticule des bras sans s'arrêter. Phédrie s'approche.

PHÉDRIE *en arrêtant son père de bouger*
Arrête.

EUCLION à *Mégadore*
Tu n'auras pas un sous !

MÉGADORE
Pas grave.

Mégadore s'élance pour déterrer l'objet. Euclion se jette sur lui. Mégadore s'assoit avec l'objet précieux. Euclion veut s'en emparer. Mégadore fait la même réaction que le père au début de la scène. Sauf que Phédrie vole l'objet. Euclion et Mégadore s'avance en avant-scène, grognent.

MÉGADORE et EUCLION
May day ! May day !

CORYPHÉE no 1
Antique story !

ANIMATEUR 1
On passe à la plus grande diva de l'histoire. Elle s'appelle Médée. Son amoureux l'a laissée. Elle est prête à tout pour se venger.

SCÈNE 6
MÉDÉE

MÉDÉE *avec une voix chaude*
J'arrive !

Elle se déplace parmi le chœur.

MÉDÉE *à un membre*
Couuuucouuuuu !

Elle se déplace encore parmi le chœur. Deux enfants s'avance en avant.

MÉDÉE *à un autre membre*
Saluuuuuuuut !

Elle fait un grand geste de tragédienne.

MÉDÉE
Hey !

Elle arrive derrière ses enfants. Elle leur tapote la tête.

MÉDÉE *d'une voix de sorcière*
Mes enfants !

ENFANT no 1 et no 2
Maman ?

MÉDÉE *rassurante*
Oui ?

ENFANT no 1
Où est papa ?

ENFANT no 2
Ouais. Où est papa ?

Médée fait de grands gestes. Elle expulse sa souffrance dans cri.

MÉDÉE
Ahhhhhhh Jason[2] ! Il est parti ! Avec une autre ...

Elle se ressaisit, devient hargneuse et méchante.

MÉDÉE
Je suis certain que c'est ... ELLE !

Elle pointe Antigone qui dormait sur sa colonne.

ANTIGONE
Wo ! Je joue le rôle d'Antigone, moi. Je suis censée être morte.

MÉDÉE *gênée*
Oups, désolé alors.

Elle se ressaisit, devient hargneuse et méchante.

---

[2] Ne pas prononcer à l'américaine mais bien comme *nous jasons*.

MÉDÉE
Ou alors c'est toi *(elle pointe Athéna).* Ou toi ! *(elle pointe Aphrodite)*

APHRODITE
Ben non, il est laid comme poux.

MÉDÉE
Ou alors toi *(elle pointe son premier enfant).* Ou toi ! *(elle pointe son deuxième enfant)*

ENFANT no 1 et 2
Mais maman ! Nous sommes tes enfants.

Médée soulève ses enfants avec force. Elle les propulse derrière elle. Elle se retourne vivement.

MÉDÉE *aux enfants*
Oh, comme vous avez grandi !

Médée rejoint une colonne. Elle fait de grands gestes.

MÉDÉE *avec témérité*
Je dois me venger de Jason !

ENFANT no 1
Jason ?

ENFANT no 2
Jason ?

Les enfants se regardent, rient.

ENFANT no 1 et no 2
Blablablabla !

MÉDÉE *coupant*
Non ! Pas ce jasons-là ! Votre père !

ENFANT no 1
Papa ?

ENFANT no 2
Papa ?

Médée fait de grands gestes.

MÉDÉE
Je dois éliminer ce qu'il a de plus précieux au monde et c'est ...

ENFANT no1 et 2
Nous ?

Médée s'avance et parle au public. Les enfants se sauvent.

MÉDÉE *au public*
Bon, le problème, c'est que les enfants sont aussi ce que j'aime le plus, mais bon ! Il faut ce qu'il faut !

Elle se retourne, les enfants ne sont plus là. Elle les cherche dans le chœur et les appelle avec douceur.

MÉDÉE
Les enfants ... Maman a une surprise.

Médée disparaît de l'espace de jeu. Enfant no 2 revient avec l'objet précieux d'Euclion qu'il dépose par terre.

ENFANT no 2
Bonne fête des mères, maman !

ENFANT no 1 *revenant*
Antique Story !

SCÈNE FINALE

Les enfants tapent du pied. Ils rappent les prochaines paroles.

ANIMATEUR 1 et 2 et ŒDIPE
C'est la fin de notre émission. J'espère que vous avez aimez.

ENFANT no 1
Si ce n'est pas le cas.

ENFANT no 2
Trop tard, c'est terminé !

ANTIGONE
Il y avait Antigone.

ISMÈNE
Ismène

MÉDÉE
Et puis Médée

EUCLION
Euclion, sa marmite.

POSSÉIDON
Et d'autres dieux cinglés.

CORYPHÉE no 1
Nous avons mis des lois partout dans la cité.

APHRODITE
Car dans l'Antiquité, on est loin de s'aimer.

ATHÉNA
Nous avons tout donné pour notre comédie. Merci d'être resté pour …

TOUS *sauf Zeus*
Antique Story !

Tous se mettent à chanter un chant céleste. Zeus s'avance au centre.

ZEUS
Chers spectateurs de ce théâtre … les … les … les curieux et les curieuses … veuillez prendre note que notre comédie est finie.

Il se retourne. Les autres le suivent.

ZEUS
Bon venez-vous en, je suis plus capable !

RIDEAU

Besoin d'un autre format (PDF ou EPUB) pour cet ouvrage ?

Vous voulez adapter la distribution pour le bon nombre de garçons et de filles ?

Contactez-nous en nous envoyant votre facture pour avoir un format différent GRATUITEMENT.

www.togetheatre.com
ou
togetheatre@gmail.com

ANNEXES

À PROPOS D'ŒDIPE ROI, de SOPHOCLE

Œdipe roi est une tragédie grecque écrite par Sophocle, un des pères fondateurs du théâtre. Elle a été présentée entre 430 et 420 avant Jésus-Christ. Elle aurait gagné la deuxième place d'une compétition de théâtre à cette époque-là.

La pièce raconte les déboires de nouveau roi de la ville de Thèbes. Le devin Tyrésias lui aurait prédit la mort de son père, et le fait qu'il allait marier sa mère. Bien entendu, Œdipe n'y croit pas. Sauf qu'un jour, il maltraite quelqu'un sur son chemin, le tue, et apprend qu'il s'agissait en fait de son père, qu'il n'avait pas vu depuis longtemps. Puis, il apprend plus tard que la femme qu'il a mariée, par un malheureux concours de circonstances, était en fait sa mère, et qu'il ne le savait pas. Anéanti et sombrant dans une profonde dépression, il décide alors de se crever les yeux.

Aujourd'hui, on nomme « complexe d'Œdipe » le phénomène voulant que l'enfant charme et aime sa mère, et qu'elle serait en fait son premier amour.

À PROPOS DE L'ASSEMBLÉE DES FEMMES, d'ARISTOPHANE

L'assemblée des femmes est une comédie grecque antique du dramaturge Aristophane. Elle a été composée autour de 392 avant Jésus-Christ. Elle parle surtout de politique, en tournant en dérision le manque de pouvoir des dirigeants.

La pièce raconte l'histoire de femmes, qui sous l'idée de Praxagora, décident de ne plus toucher leur mari et de les menacer pour gagner tous leurs privilèges. Elles entendent bien aussi mettre en place de nouvelles règles pour réformer la cité, dont celles de mettre leurs biens en commun et que ce soit les femmes les plus laides et les plus âgées qui choisissent leur mari en premier. La pièce se termine dans une grande folie.

À PROPOS DES DIEUX GRECS

Les grecs avaient toutes sortes de divinités, qui selon eux résidaient au sommet d'une grande montagne appelée l'Olympe. Ces dieux incarnaient diverses valeurs, des éléments ou des principes, et expliquaient certains phénomènes naturels de la vie, en l'absence d'une véritable connaissance. Voici quelques dieux :

Aphrodite : Déesse de l'Amour, de la Beauté
Apollon : Dieu de la Lumière, du Soleil, de la Musique, des Arts, des Soins, des Prophéties, de la Poésie, de la Pureté, des Sports, de la Beauté masculine
Arès : Dieu de la Guerre offensive, de la Violence et de la Destruction
Athéna : Déesse de l'Intelligence et de l'Habileté, de la Stratégie guerrière, de l'Artisanat, de la Sagesse
Dionysos : Dieu de la Vigne, des Fêtes, de la Folie
Héra : Reine des Cieux, déesse du Mariage, des Femmes, des Familles, de l'Accouchement, des Rois et des Empires
Poséidon : Dieu de la Mer, des Inondations, des Tremblements de terre, créateur des chevaux ;
Zeus : Chef des dieux, dieu du Ciel, du Climat, du Tonnerre, des Éclairs.

À PROPOS D'ANTIGONE, de SOPHOCLE

Antigone est une tragédie grecque écrite par Sophocle, un des pères fondateurs du théâtre. Elle a été créée autour de 441 avant Jésus-Christ.

La pièce raconte l'histoire de la jeune fille Antigone, qui veut aller enterrer son frère Polynice même si le roi Créon, son oncle, a donné l'ordre de laisser son cadavre pourrir dehors. En fait, lors d'une bataille, Polynice était contre les guerriers du roi Créon, alors que l'autre frère d'Antigone, Étéocle, était lui du bon côté. Antigone est prête à tout pour enterrer son frère, même jusqu'à mourir.

Antigone est promise à Hémon, le fils de Créon, et devra donc se marier avec lui. Puisqu'il aime Antigone, le jeune homme affrontera son père, car il n'est pas d'accord avec sa décision.

La pièce Antigone a été réécrite de nombreuses fois par de nouveaux auteurs. Une version très connue est celle de Jean Anouilh, écrite en 1944.

À PROPOS DE LA MARMITE, de PLAUTE

La marmite est une comédie grecque antique écrite par le dramaturge Plaute entre 254 et 184 avant Jésus-Christ.

La pièce raconte l'histoire d'Euclion, qui découvre une marmite pleine d'or laissée par son père, et qui vivra dans la peur constante de se la faire voler. Sa fille est promise à Mégadore, qui lui demande sa main. Euclion l'accueille avec méfiance, mais finit par consentir au mariage, en précisant qu'il ne paiera rien pour le mariage. Il ne se doute pas cependant que le fils de Mégadore a fait du mal à sa fille. En fait, Euclion ne se soucie que de sa marmite. Il la traînera partout et finira par se la faire voler.

La pièce deviendra la base d'une autre pièce de théâtre très connue : L'avare, de Molière, écrite en 1668.

À PROPOS DE MÉDÉE, d'EURIPIDE

Médée est une tragédie grecque écrite par le dramaturge Euripide autour de 431 avant Jésus-Christ. Elle aurait remporté le troisième prix lors d'un grand concours théâtral à cette époque.

La pièce raconte l'histoire de Médée, qui décide de se venger de son mari Jason, parti vivre sa vie avec une autre femme, en l'occurrence la fille du roi. Médée décide alors de se débarrasser de la nouvelle flamme de son mari, mais aussi de tuer ses propres enfants pour faire souffrir Jason. Elle s'enfuit à la fin de la pièce chez un homme qu'elle connaît dans une autre ville.

Médée est un des personnages forts du théâtre antique, mélange de folie et d'amertume, de tendresse et de colère.

EXERCICES DE THÉÂTRE
En groupe

Les objets
(15 minutes)
CRÉATIVITÉ

L'animateur propose des objets aux participants, qui doivent leur trouver une nouvelle utilité ou les redéfinir comme un nouvel objet.

Parler pour parler
(15 minutes)
EXPRESSION, CRÉATIVITÉ

Les élèves à tour de rôle doivent parler les plus rapidement possible sans s'arrêter, et sans prendre le temps de réfléchir.

Les mots associés
(15 minutes)
CRÉATIVITÉ

Les élèves, en cercle, joue à un jeu d'élimination où chacun doit dire un mot en lien avec le mot précédent.

Le chronomètre
(10 minutes)
CONSCIENCE DU TEMPS

Un élève au centre d'un cercle de six personnes doit toiser le regard d'un élève et calculer mentalement dix secondes à chaque élève pour terminer le tout en une minute. Quelqu'un note le temps réel versus le temps compté.

La chaise à émotions
(15 minutes)
ÉMOTION

Tour à tour, les élèves doivent s'asseoir sur une chaise et prendre l'une des quatre émotions primaires : la peur, la joie, la colère et la tristesse.

Le thermomètre émotionnel
(10 minutes)
ÉMOTION

Les élèves en rangée doivent varier l'intensité de leurs émotions à la manière d'un thermomètre géant.

3, 2, 1 ... action !
(15 minutes)
ÉCOUTE, RYTHME, CONTACT

Les élèves déambulent dans l'espace. L'animateur leur demander d'arrêter et donne une consigne (ex : se toucher le nez, se place en ordre alphabétique de prénom, etc) que les élèves doivent accomplir le plus rapidement possible.

Les gestes
(10 minutes)
MÉMOIRE, CRÉATIVITÉ

Les élèves doivent faire une suite de gestes, et en rajouter un, pour que le suivant accomplisse une nouvelle suite de gestes, etc.

La voix moyenne
(10 minutes)
VOIX

Les élèves sont appelés à faire des exercices de voix, d'être très aigües, puis très graves, pour trouver sa voix moyenne.

**Du même souffle
(5 minutes)
VOIX, RESPIRATION**

Exercice d'apprentissage sur la respiration, les élèves doivent réciter une phrase les poumons vides, puis les poumons pleins, pour constater l'importance du souffle.

**Les virelangues
(15 minutes)
ARTICULATION**

Les élèves devront lire des phrases difficiles à articuler le plus rapidement possible.

**Le chant tribal
(15 minutes)
VOIX, ARTICULATION**

Un élève au centre doit lire un texte assez fort pour qu'on le comprenne, alors que les autres autour chantent une chanson.

**Le compte est bon
(5 minutes)
ÉCOUTE**

Les élèves doivent réussir à compter jusqu'à 10 sans repère, alors que chacun est libre de dire un chiffre quand il veut.

Les aveugles
(15 minutes)
ÉCOUTE, CONFIANCE

Deux par deux : un élève a les yeux bandés, l'autre lui donne des indications en lui touchant son épaule, la tête et le dos, pour suivre un parcours.

Mise en contact et observation
(10 minutes)
ÉCOUTE, CONTACT

Les élèves doivent marcher dans l'espace et au signal de l'animateur rejoindre une personne, la fuir, ou les deux.

Les fruits et légumes
(20 minutes)
CRÉATIVITÉ, ÉCOUTE, RYTHME

Les élèves doivent monter une petite mise en scène en ayant pour seul texte des noms de fruits ou de légumes. Ils doivent avoir de l'émotion, du rythme, et une histoire.

Le tableau vivant
(20 minutes)
IMPROVISATION, PERSONNAGE

Les élèves doivent inventer sur une situation donnée, en usant tour à tour, dans un même espace, d'un seul geste et d'une seul parole, qui donnera au final une histoire.

Le jeu des personnages
(15 minutes)
PERSONNAGE

Un peu à la manière d'une chaise musicale, des élèves reçoivent un personnage sur un bout de papier, et dès le départ donné, doit trouver celui qui a le même que lui, puis s'asseoir le plus rapidement sur un duo de chaises. Le dernier duo à s'asseoir est éliminé.

L'histoire des démarches
(15 minutes)
DÉMARCHE, PERSONNAGE

Les élèves doivent faire des démarches différentes selon l'histoire racontée par l'animateur (à pas de souris, à pas géants, en apesanteur, comme une top modèle, etc)

La télécommande
(10 minutes)
DÉMARCHE, RYHTME, ÉCOUTE

Les acteurs se répartissent dans l'espace de jeu. Ils marchent normalement et occupent tout l'espace. Ils ne doivent pas se gêner les uns et les autres. Le meneur, comme il le ferait avec un lecteur DVD, donne aux participants les indications qui vont modifier leur manière de marcher.

PISTES POUR L'ÉVALUATION[3]
Exercices et pièce de théâtre

- ✓ Richesse du vocabulaire
- ✓ Créativité lexicale
- ✓ Rythme, débit et volume de la voix
- ✓ Intonation
- ✓ Écoute active
- ✓ Ajuster son écoute
- ✓ Participation
- ✓ Démarche et posture
- ✓ Refléter le sentiment perçu
- ✓ Articulation et prononciation
- ✓ Intervenir au bon moment
- ✓ Constater ses progrès et son niveau d'aisance
- ✓ Résoudre le bris de communication s'il y a lieu
- ✓ Enchaîner les idées
- ✓ Se centrer ou se recentrer sur le thème
- ✓ S'adresser à différents interlocuteurs

---

[3] Selon la Progression des apprentissages du Ministère de l'Éducation du Québec

TABLE DES MATIÈRES

Personnages	9
Mise en situation	11
Introduction	15
Scène 1 : Œdipe roi	23
Scène 2 : L'assemblée des femmes	27
Scène 3 : Les dieux grecs	31
Scène 4 : Antigone	35
Scène 5 : La marmite	39
Scène 6 : Médée	43
Scène finale	49
ANNEXES	
À propos des œuvres antiques	55
Exercices de théâtre	67
Pistes d'évaluation	75

REMERCIEMENTS

Merci à Nadia, à Patricia et à Marie-Ève, enseignantes à l'école primaire La Source, pour la formidable expérience avec leurs élèves de cinquième et sixième année.

Merci à Dario Larouche, pour la confiance et pour le travail qu'il accomplit d'une main de maître dans le milieu théâtral.

Merci à Sophie Torris, pour la folie et la passion qu'elle transmet à ses élèves au primaire, mais aussi à ses étudiants à l'université.

Merci à ma famille et mes amis, pour les encouragements et pour toutes les discussions où je vous parle de mes projets, et où vous m'écoutez d'une oreille plus qu'attentive.

Et merci à tous les élèves du 100 masques, de La Rubrique et des écoles, pour votre générosité et votre immense créativité.

L'AUTEUR

Keven Girard a écrit de nombreux ouvrages pour la jeunesse, dont des romans d'épouvante, réalistes et fantaisistes. Bachelier en éducation et étudiant à la maîtrise en littérature, il conçoit aussi du matériel pédagogique destiné aux enseignants, soit sous forme de fiches de lecture ou d'albums interactifs. Passionné par l'écriture, la littérature et le jeu, il participe à plusieurs projets à caractère théâtral, en plus d'enseigner le théâtre aux enfants dans des compagnies professionnels de Saguenay, mais également comme formateur en milieu scolaire.

www.kevengirard.com

DU MÊME AUTEUR
Chez d'autres éditeurs

Romans pour la jeunesse :

7 à 10 ans

Fabuleux ! La princesse, c'est moi !, Z'ailées, 2013
Fabuleux ! Le bouffon, c'est lui !, Z'ailées, 2014
Fabuleux ! Le trésor, c'est par là !, Z'ailées, 2015
Noé au Saguenay, Z'ailées, 2016

9 à 12 ans

La sorcière calcinée, Z'ailées, 2013
Le mot de la mort, Z'ailées, 2014
Le bal du Diable, Z'ailées, 2015
La mélodie maudite, Z'ailées, 2016

Albums interactifs :

Préscolaire

Une mouche dans la bouche, Grand-Duc, 2015
La faim de l'ogre, Grand-Duc, 2015
La fusée magique, Grand-Duc, 2015
Le dragon pompier, Grand-Duc, 2015

D'AUTRES TITRES
Chez TOGE Théâtre

Tout-petits 4 à 7 ans

La boîte à surprise, Keven Girard
Les petits princes, Keven Girard
Y'a pas de lézard, Sophie Torris

Enfants 8 à 12 ans

Antique Story, Keven Girard
Légendes à la source, Keven Girard
La bibliothèque en folie, Sophie Torris
Les méchants en ont assez, Sophie Torris

Adolescents 13 à 17 ans

En attendant le gars d'en haut, Keven Girard

Adultes 18 ans et plus

Des couteaux sur un ballon bleu, Keven Girard

Certains titres sont à venir.
Visitez notre site web !
www.togetheatre.com

EXTRAITS D'OUVRAGES POUR LES ENFANTS
8 à 12 ans

TōGe théâtre

LÉGENDES À LA SOURCE
Keven Girard

Les campeurs entrent un à la suite de l'autre. Ils jasent entre eux. Ils placent en rond autour d'un accessoire qui se veut représenter un feu de camp. La lumière est plutôt tamisée pour faire croire à la nuit.

KAZOO
Bon, assoyez-vous. Marco, s'il te plaît assied-toi. Les filles, arrêtez de papoter. Prenez place autour du feu.

JASMINE
Merci Kazoo pour cette soirée. J'aime ça les feux de camps.

MAÏKA
Ça crépite, c'est chaud, on est confortables.

NOÉMIE
Y'a comme une bonne odeur de fumée, de bûches de bois qui brûlent.

REBECCA
Et on peut se faire griller des toasts, des saucisses.

GUILLAUME *empiffrant une guimauve*
Ou une guimauve !

Les filles rient.

KAZOO
Qu'est-ce que j'ai dit ? Silence je vous prie. Ah Guillaume ! Ne mange pas toutes les guimauves, garde-z-en pour les autres.

GUILLAUME *la bouche pleine*
Ben là !

KAZOO
Bienvenue à tous à la soirée de contes et légendes du camp de vacances Pointe-Racine.

DAVE
Je n'aime pas ça les histoires.

MATHIEU
C'est bébé

FRÉDÉRIC
Ça ne fait même pas peur.

KAZOO
Tout au long de la soirée, je vais vous raconter les légendes les plus terrifiantes que je connaisse.

Tout le monde feint d'avoir peur.

TOUS *sauf Guillaume*
Ouh ...

Tout le monde se tourne vers Guillaume qui n'a pas participé avec les autres.

GUILLAUME *la bouche pleine*
Ouh ...

Bianca enlève le sac de guimauves des mains de Guillaume.

BIANCA
Ça suffit, sale goinfre.

GUILLAUME
Hé ! Mes précieuses ...

La suite au
www.togetheatre.com

LA BIBLIOTHÈQUE EN FOLIE
Sophie Torris

Le décor représente une bibliothèque municipale tapissée de grands rayonnages. Un coin lecture est aménagé en avant-scène. Quelques livres se tiennent serrés les uns contre les autres devant le rayonnage du fond. Entre timidement un nouveau livre.

TABLEAU 1

LE CAMPING POUR LES NULS
Euh... Bonjour... c'est bien la bibliothèque municipale ici?

À LA DECOUVERTE DES INDES *entre deux quintes de toux*
Ah ça, jeune homme, mais referme donc cette porte! Tu verras quand tu auras mon âge : tu craindras peut-être toi aussi les courants d'air... *(Il se remet à tousser de plus belle, en se tapant sur la poitrine, ce qui a pour effet de soulever des nuages de poussière.)* Ah la la, ce n'est pas croyable... *(Il continue de tousser)*

TRAITE DE BONNES MANIERES
Mon cher voisin, je vous serais obligé de garder votre poussière pour vous! Sauf votre respect, je suis un livre de bonnes manières moi! Et je ne tiens

nullement à me transformer en un quelconque grimoire de vulgaire fond de grenier. *(Il s'arrange, se recoiffe consciencieusement).* Et puis que diraient mes lecteurs si je me mettais à me négliger? *(Interpellant Le camping pour les nuls)* Quant à vous jeune homme, vous eussiez dû, ce me semble, frapper avant d'entrer. Le bon usage eût également exigé que vous saluassiez puis que vous vous présentassiez après avoir obtenu la permission d'entrer.

LE CAMPING POUR LES NULS *bafouillant*
Euh... Bonjour!... Bonjour à tous!... Je m'excuse....

TRAITE DE BONNES MANIERES
Fi donc, l'horrible animal! Le voilà qu'il s'excuse lui-même à présent! Décidément, jeune homme, votre éducation laisse bien à désirer. Apprenez qu'on ne dit pas : « je m'excuse », car s'excuser soi-même serait à la fois prétentieux et déplacé. On dit : « je vous prie de m'excuser ». Fichtre, quelle éducation!

LE CAMPING POUR LES NULS
Je vous prie de m'excuser....mais c'est l'pââtron qui m'a dit de v'nir icitte. Il m'a acheté à la librairie cet aprem ...Enfin il m'a dit de me trouver une p'tite place dans la bibliothèque. Je m'intitule : le camping pour les nuls et...

TRAITE DE BONNES MANIERES *l'imitant*

« C'est l'pââtron qui m'a dit de v'nir icitte…l'pââtron qui m'a dit de v'nir icitte…» Diantre, mon pauvre ami, quel langage! Quelle façon vulgaire de vous exprimer! Je ne sais pas moi…Vous eussiez dû dire : « C'est monsieur notre maître qui m'a prié de venir ici…. » ou ce qui eût été à tout prendre préférable : « Je viens ici à l'invitation de notre maître. »

À la découverte des Indes qui s'est endormi depuis un moment, se met à ronfler bruyamment.

TRAITE DE BONNES MANIERES
Allons bon, voilà que ça le reprend!

La suite au www.togetheatre.com

SACRÉ CHARLEMAGNE
Keven Girard

Charlemagne est au centre en train d'écrire. Des enfants viennent lui tirer les cheveux. Il les chasse en grognant. Arrive alors Bob, son ami.

BOB
Hé Charlemagne, qu'est-ce que tu fais ?

CHARLEMAGNE
Je suis en train d'écrire. Ça se voit non ?

BOB
Et qu'est-ce que tu écris ?

CHARLEMAGNE *sarcastique*
Des mots. Tu sais là quand on regroupe des lettres ensemble.

BOB
Arrête un peu avec tes blagues, veux-tu ? Explique-moi.

CHARLEMAGNE
Je cherche une façon de me venger de ces gamins qui n'arrêtent pas de me tirer les cheveux. Ce n'est pas parce que nous sommes dans l'Antiquité qu'ils ne verront pas de quel bois je me chauffe.

Un temps. Il se retourne vivement vers son ami, pris d'une soudaine amnésie.

CHARLEMAGNE
En passant, c'est quoi ton nom déjà ?

BOB
Bob !

CHARLEMAGNE
Bob ? Ça fait jeune comme nom.

BOB
YOLO ! C'est quoi ton idée ?

Des enfants reviennent vers Charlemagne pour lui tirer les cheveux. Charlemagne les chasse, puis revient vers Bob en s'assurant que personne n'entende, surtout pas les enfants.

CHARLEMAGNE
Je vais inventer quelque chose d'absolument terrifiant.

BOB
Un monstre, un zombie, un vampire ?

CHARLEMAGNE
Pire que ça …

BOB
Un dragon, un fantôme, une araignée géante avec dix pattes qui lance des bombes puantes en brassant des maracas ?

CHARLEMAGNE
Non !

BOB
Un clown ?

CHARLEMAGNE
Non ! Ça s'appelle … (*il vérifie que personne n'écoute*) l'école !

BOB *apeuré*
Ouh … ça de l'air épeurant ! C'est quoi ?

CHARLEMAGNE
En gros, c'est une bâtisse et les enfants sont obligés d'y aller tous les jours de la semaine. Puis, il y a des gens qui leur apprennent des affaires à longueur de journée.

BOB *déchantant*
Ah ! C'est ennuyant alors.

CHARLEMAGNE
Justement ! Et là je suis en train de perfectionner le concept des devoirs. Je veux que les enfants continuent d'aller à l'école même quand ils ne sont plus dans la bâtisse.

BOB
Tu es machiavélique.

CHARLEMAGNE
Je sais.

Les deux se mettent à rire comme des sorciers.

La suite au
www.togetheatre.com

www.ingramcontent.com/pod-product-compliance
Lightning Source LLC
Chambersburg PA
CBHW071308040426
42444CB00009B/1924